111 Malkus

Gedichte von Frank Malkusch

Bibliografische Information der Deutschen Nationalbibliothek:
Die Deutsche Nationalbibliothek verzeichnet diese Publikation in der Deutschen Nationalbibliografie; detaillierte bibliografische Daten sind im Internet über http://dnb.dnb.de abrufbar.

Lektorat: Dr. Doris Quinten
Herstellung und Verlag: BoD – Books on Demand, Norderstedt

ISBN: 9783752610581

Bisamratte, römisch

Rom, 21.3.18, 17.00 Uhr, Tevereufer

Unentwegt

Nagst du

An den Fundamenten

Des ewigen Roms

Ziehst

Stück für Stück

Aus seinem Leib hervor

Verwandelst es

Zu etwas Neuem

Nicht anders

Wie die Legionen Menschen

Die vor dir

An den Ufern des Tibers

Gehaust haben

Alles kommt

Umgewandelt

In einen Topf

Töpfchen und Kröpfchen

Alles wächst

Nichts vergeht wirklich

Nur du selbst

Bist nur Gast

Hier wie dort

Trotzdem

Freust du dich

Wirfst dem überfluteten Tiber

Deinen Gruß entgegen

Weshalb?

Meinst du denn

Er erkennt dich wieder

Nach so langer Zeit

Bärige Ausgeburt

Rom, 22.3.18, 7.00 Uhr, Hotel Il villino, Zimmer 9

Der Bärbibubärbärbär

Bububibababär

Bierliburlibarlibär

Bababärunbubabär

Barbrimbimbalumbabär

Brobärobiroburobär

Bnnbärmmummisummbär

Bllbärbzztzzbär

Bubsihubsibibabär

Brammbürsiblantobär

Ameiseneisenmeisen

Meisenmaseisen

Marsiarsorassolass

Amammamasozango

Misenmackpackam

Emamisamibismisomsen

Massmussmassana

Menetekelweckalo

Ktehsatelsokulaso

Junkeltinkelwunkelo

Kitzelritzelitzelitzkitz

Otowotosokootuno

Watschndatschndetschnhebsn

Horschnurannawannadn

Hinunsoleitunwitopkasun

Prischischsichalwisch

Sallelollolapalotokowosn

Heisserassurissalussia

Raweisstakeissuneiiselia

Kalussaussassasaa

Shrietzn

Piepssipsn

Sirenmientienhisiwestall

Summumwummumtummumallall

Sungmalbrumallallall

Allnurallfallwatapfall

Danke schön

Roma aeterna

Rom, 23.3.18, 15.00 Uhr, Hotel

Gibt es noch

Einen einzigen Stein

Einen Ort

Einen Platz

Einen Menschen

Hier

Der nicht bereits

Tausendfach

Abgelichtet worden ist

Und darüber

Alle seine Farben

Verloren hat

Dafür aber

In dieser Stadt

Verewigt

Auf immer

Verbannt

Mitsamt Seele

Irgendwo

Ja

Ich sperre mich ein

Zusammen

Mit euch Lichtvampiren

Meine Rede

Fegt euch hinweg

Zum Glück

Vielleicht

Auch nicht

Ich brauch

Euch doch

Karten

24.3.18, 18.00 Uhr, Flughafen München

Du legst
Auf den Tisch
Was immer du noch
In der Hand hast
Blatt um Blatt
Schicht um Schicht
Mehr ist es nicht
Mehr hast du
Nicht mehr zu bieten
Mehr war es noch nie
Es geht um nichts
Wirklich ja doch nein
Lass dich nicht täuschen
Wie immer
Geht es um alles
Es geht um dich
Und mich
Schnell
Werden die Karten

Weggeräumt

Schnell

Bist du selbst

Vom Tisch

Die Spielfläche

Ist wieder frei

Für die nächste Runde

Das neue Leben drängt bereits

Da liegt es

Hingeklatscht auf den Tisch

Zappelt und kräht schon

Kann es nicht erwarten

Selbst bald

Weggeräumt zu werden

Nicht mehr frieren

Niemals mehr

Wortverkäuferin

25.3.18, 17.00 Uhr, München, Terrasse

Die Worte

Reichen nicht mehr aus

Müssen

Verkleidet

Aufgepeppt

Ausgestopft werden

Lackiert

Schillern sie prächtig

Mehr scheinen

Keiner sieht

Ihre dürftige Armseligkeit

Entstellt

Wirken sie jetzt

Abgewrackt

Ausgelutscht

Nackter als jemals zuvor

Zitternd vor Kälte

Unter der Last

Auferlegter Bedeutungen

Schon gehen sie

In die Knie

War abzusehen

Ihr hilfloses Herumschwirren

Herumflattern

Nervt nur noch

Warum wird nicht

Brot statt Worte verkauft

Wäre viel einfacher

Eindeutiger

Mach deinen Job, Bäckersfrau

Und grase nicht

Auf fremden Weiden

Auch dieser Mensch

Aus seiner Mitte gerückt

Verrückt

Wieso kann niemand mehr

Auf seinem Platz bleiben

Wo Brot noch Brot ist

Und keine

Allergenverdächtige

Degustationsgrundlage

Frühlingserwachen

München, 26.3.18, 11.00 Uhr, Terrasse

Stare hacken

Trommeln tackern

Pochen zwitschern

Hobeln bohren

Den Frühling herbei

In der Lautstärke

Sich gegenseitig überbietend

Trotz Kälte

Gegen jeden Widerstand

Alles hat zu weichen

Keine Chance

Der Wille der Natur

Setzt sich durch

Diese Schnäbelchen

Diese Körperchen

Diese Flügelchen

Verändern die Welt

Mit schier

Grenzenloser Energie

Alles ist

Auf Eroberung aus

Voran

Immer weiter

Im Kreis

Hauptsache

Immer

Sagt wer?

Arbeitstag

Postbauer, 26.3.18, 22.00 Uhr, Keller

Wortgemantsche

Harngepantsche

Laberwust

Schnauzengestrichenvoll

Stundenverrinnungsplan

Schnell - langsam - schnell

Ganz wie Sie wollen

Benutzung

Nur gegen Entgelt

Ganz Werkzeug

Funktionieren

Hirn- Hand- Tun- Vorgang

Präsenz total

Jeden Augenblick

Angespannt und doch

Im Hintergrund

Das große Gähnen

Jetzt oder später

Dauer wichtig aufgeplustert

Gelacht werden kann im Nachhinein

Wenn noch Zeit dazu bleibt

Jetzt erst einmal Interessiertheit

Ist nicht wahr?

Ja wirklich?

Schon wieder?

Wer hätte das gedacht?

Der Tag

Verschlupft sich

Erfolgreich

In seine Vergangenheitslöcher

Wieder ein Tag abgehakt

Der dir zwischen die Maschen

Deines Lebenswerks

Geschlüpft ist

- und schon

Ist es auch

Mit dir vorbei!

Hui!

Kreuzung

Postbauer, 28.3.18, 15.00 Uhr, Garten

Steht dahin
Wäre noch zu sagen
Kein Ohr
Zum Hören da
Dazu ist später Zeit
- wann?
Etwa dann
Wenn irgendwann einmal
Exakt dieselbe Luft wieder
Durch die Lunge zirkuliert?
Wenn dieselben Augen
Zum ersten Mal
Neu in die Welt blicken?
Wenn wieder einmal
Zwei Rehe mit je einer Krähe
Auf dem Rücken eingekrallt
Deinen Weg kreuzen?
Ist dann die Zeit gekommen
Ist dann die Luft

Nicht erfüllt von

Gänzlich anderen Geschichten?

Viel interessanter

Schöner

Farbiger

Im Nu hingestellt

Aus dem Naturzauberkasten

Rehkrähweh

Hunger

München, 29.3.18, 15.00 Uhr, Auwald

Nett

Alles so

Furchtbar nett hier

Und so freundlich

Wie aufmerksam

Das wäre doch

Nicht nötig gewesen

Und das sind

Alles Ihre Freunde?

Auch so nett

Und so aufmerksam

Bitte, so bemühen Sie sich

Nicht weiter

Das ist mir peinlich

Wieso aber schließen Sie

Mich hier ein?

So dunkel, so feucht

Alles gekachelt

Und Ihr Lächeln

Ist nur noch ein Fletschen

Machen Sie mir doch bitte jetzt

Keine Angst

Gerade heute

Wo alles so furchtbar nett ist

Wozu auf einmal

Die laute Musik?

Sind das wirklich

Messer in Ihren Händen?

So lassen Sie mich doch endlich los!

Sonst schrei.

Ecce homo

München, 30.3.18, 11.00 Uhr, Auwald

Was ist der Mensch

Fragst du

Steckst doch in ihm

Bist selbst

Ein Sack voll Schleim

Ein Bündel voll Lügen

Ein Haufen an Hoffnungen

Durchpulste Energie

Alles auf einmal

Verquickt und verquirlt

Heute wie morgen

All dies

Stets immer zugleich

Durcheinander gewirbelt

Die Frage

Steht im Raum

Keine Antwort erfolgt

Von wem auch

Trotzdem

Fragst du weiter

Bist dir Spiegel

Und Rätsel zugleich

Während um dich herum

Das Leben weiter pulsiert

Unbeschwert

Im ständigen

Werden und Vergehen

Pass auf

Vor lauter Fragen

Stolperst du

Über die Wurzel am Boden

Und weißt

Auf einmal

Mitten im Fall

Noch vor dem Schmerz

Die Antwort

So einfach

Die andere Seite

München, 31.3.18, 9.00 Uhr, Atzinger

Plötzlich

Mitten auf der Straße

Mitten im Gewühl der Stadt

Stehst du vor uns

Der Riss

Der Spalt

Da drüben bei dir

Da ist die andere

Die dunkle Seite

Das Erschrecken

Der Ruf des Todes

Alles drängt hervor

Was jemals war

Was ist und sein wird

So vieles bricht

Auf einmal weg

Ist hinfällig

Hirnrissig gestrig

Kann nicht sein

Kommt weg

Da stehst du

Blickst mich an

Aus leeren Augenhöhlen

Ziehst Welt, mich, dich selbst

In dich hinein

Mit unerbittlichem Sog

Du weißt doch

Hier ist kein Platz mehr

Für dich

Lass es sein

Lass ab

Kehr zurück

Zu deiner

Feuerfesten

Anderen Seite

Bereitest dann

Den Platz

Für mich vor?

Längst

Geschehen

Komödie

München, 1.4.18, 8.00 Uhr

Mein Leib

Ein wandelnder Witz

Ausgemergelt

Schlaff und faltig

Und fett dazu

Alles hängt

Tränensäcke

Triefaugen

Hängebacken oben wie unten

Wie gut

Dass Stoff

Das Meiste bedeckt

Den vorspringenden Bauch

Den hängenden Sack

Undundundundundund

Dazu Flecken, Falten und Warzen

Hexerich Tausendschön

Auf der Straße

Schaut man längst

Durch dich hindurch

Bist von nun an

Luftmensch

Hindernis allenfalls

Akzeptiere es

Freue dich lieber darüber

Dass du noch ein kleines Weilchen

Hindernis sein darfst

Gänzlich ausrangiert

Wirst du rechtzeitig genug

Aus Allem

Was so ist

Aus Allem

Was du bist

Und was bald schon

Keinerlei Bedeutung mehr hat

Doch da

Weniger als ein Windhauch genügt

Nicht mehr als ein

Zitterndes Blatt

Bevor der Wind

Es vom Ast wegreißt

Dahintrudeln

Zu den Anderen

Dort, hinein getreten

In den Boden

Bereit

Erde zu werden

Sie warten dort

Auf dich

Hörst du nicht

Ihr Tuscheln

Und Wispern

Wie sie ihre Zähne

Wetzen und

Vorbereiten

Zum Festschmaus

Bernklarstein

München, 2.4.18, 7.00 Uhr, Bett

Wie fühlt es sich an
Nach und nach zu erstarren
In einer längst erstarrten Welt
Fluchtversuch
Es nützt nichts
Es holt dich ein
Außen der Panzer der Gemütlichkeit
Dagegen nützt
Dein Hautpanzer nichts
Doch deshalb gleich
Bis in den innersten Kern hinein
Erstarren
Engelszeichen
Als Hilfeschreie
Wer sie denn nur hörte
Krähwinkeligkeit rundherum
Geborgen im Kältehauch
Unwirklich wirkende Balanceakte
Des Überlebens

Es steigt weiter hoch

Jetzt wird

Der Mund starr

Das Wort

Erstirbt dir

Auf den Lippen

Noch vor

Dem letzten Hauch

Die neuen Hobbies indischer Götter

München, 16.00 Uhr, Terrasse, Sonnenschein

Von Doris und Frank

Kali

Kann endlich wieder

Knutschen und kuscheln

Saraswati

Säuft wie ein Loch

Kotzt auf Sitas Bauch

Die verdutzt hochschreckt

Gestört im Popeln

Krishna

Kotet sich ein

Mitten im Kopulieren

Mit seinen Gopis

Ihm fällt sonst

Ohnehin nichts Neues ein

Das alte Spiel

Macht einfach zuviel Spaß

Vishnu

Spielt Kellner

Und wischt mit seinem Tigerfell

Die Tische sauber

Ehe er

Soma ausschenkt

Lakshmi

Spielt mit ihren

Feisten Oberschenkelfalten

Und schminkt sie rot

Wie ihre Lippen

Shiva

Schifft im hohen Bogen

Über den Rand des Universums

Hinaus in die Ewigkeit

Durga stopft sich

Mit Süßigkeiten voll

Prompt kommt der Durchfall

Ganesha

Schlängelt seinen Rüssel

Unter den Rock von Sita

Und Rama ruft in alle Richtungen

Des Universums:

"Esst mehr Margarine"

Daraus schallt es zurück:

"Heut ists zünftig!"

Fraglich

Wer das ruft

Aber wer

Pupst denn da

Dass es in allen Ecken

Gotterbärmlich stinkt?

Es wird sich doch nicht

Der Papst mit

Eingeschlichen haben?

Man darf gespannt sein

Wer sich noch so alles

Einfinden wird

Zur trauten Runde der

Götterdämmerung

Wieder einmal

Ist es soweit

Das Universum

Stürzt zusammen

Wird von Sita

Zusammengekehrt

In den
Abfalleimer
Der Zeit

Ich werde gewesen sein

Allersberg, 3.4.18, 9.00 Uhr, Wald

Werde ich gewesen sein?

Was aber werde ich dann

Gewesen sein?

Werde ich das gewesen sein

Was ich habe sein wollen?

Werde ich der gewesen sein

Der ich war oder

Der ich bin

Oder erst noch sein werde?

Werde ich dann

Wenn ich gewesen sein werde

Einheitlicher ich sein

Als ich es jetzt bin

Oder werde ich nur

Aus Allem was ist

Ausgewiesen worden sein

Ohne je an ein Ende

Zu gelangen

Zurückgeworfen

Zum Beginn

Der Frage

Wer bin ich?

Wieder und wieder

Langweilig?

Nicht die Bohne

Der philosophische Frosch

Postbauer, 4.4.18, 9.00 Uhr

Hüpf Frosch!

Schnell, schnell!

Hörst du nicht?

Siehst du nicht?

Über dir

Kreist die Elster

Jetzt

Erstarrst du

Spürst

Da ist etwas

Genau da oben

In deinem toten Winkel

Mächtig und groß

Der Schatten senkt sich

Zu dir herab

Du grübelst

Überlegst

Wie das Mächtige und du

Eins werden kann

Mikro- und Makrokosmos

Verschmelzend

Zu neuer Einheit

Schon schlagen

Die Krallen

In deinen Leib

Geben dir Antwort

Flieg, mein Frosch, flieg!

Deiner neuen Bestimmung

Entgegen

Sieben weit sperrende

Schnäbelchen

Warten hungrig auf dich

Bereiten dir bald

Ein lustiges Willkommen

Hoch oben

Im Baumwipfel

Sommertraumraum

Postbauer, 5.4.18, 16.00 Uhr, Keller

Barfuß über die Wiese

Den Wespen im Klee

Ausweichen

Über dir

Das Rauschen der Blätter

Niederbrennende Sonne

Alles so hell und klar

Das soll wirklich so sein?

Und das wird

So auch wiederkehren?

Ist das alles nicht

Ein einziger Sommertraum

Fast schon verweht

Weit weg

Nur noch als Verlangen

Zu schmecken

Als Wunsch nach Wärme

Während draußen unentwegt

Der Sturm tobt

Die Tür aufdrückt

So dass du

Hochschreckst

Schon erfasst

Bevor er dich

Aus dem Haus weht

Auf die Reise

Mit sich nimmt

Purzelndes

Dich überschlagendes

Kopfloses

Blatt

Kaum

Beschrieben

Schon verwischt

Vom Regen der

Auf dich

Einprasselt

Credo quia absurdum

München, 7.4.18, 9.00 Uhr

Macht nur weiter so zu

Scheffelt Geld wie Heu

Baut und kauft

Konstruiert und reißt ab

Ich schaue euch zu

Lehne mich zurück

Soviel Gewusel

Was geht's mich an?

Zappelt ihr nur weiter

Auf der Bühne des Lebens

Irgendwann

Langweilt es jeden

Ich achte lieber

Auf die Vögel

Verfolge ihren Flug

Zeichne ihren Gesang auf

Auch sie hektisch

Aber anders

Ich verstehe sie nicht

Wie ich auch

Euch nicht verstehe

Höre nur Melodien

Während überall

Gestritten, geliebt, gehofft und

Sich gefürchtet wird

So viele

Parallelwelten

Die dicht an dicht

Aneinander

Vorbeischrammen

Und doch

Glaube mir

Es lohnt sich

Einscannermädchen

München, 7.5.18, 11.00 Uhr, Auwald

Du bist so schnell

Viel zu schnell

Die Waren auf dem Band

Fliegen durch deine Hand

Jedes Teil

Ein Piepsen

Hörst du es denn noch?

Oder hörst du dahinter

Das ferne Rauschen

Der Strand mit dem

Meer aus der Broschüre

An dem du liegen könntest

Deine Sehnsucht

Nach dem Leben

Dort irgendwo

Während hier

Dein Leben

Vor sich hin verpiepst

Mit jeder einzelnen Ware

Reißt es dir

Wie einen Nagel

Der dich zusammenhält

Ein Stück Zeit

Aus deiner Seele

Wieso legst du dich nicht

Auf das Band

Wartest bang darauf

Ob dein eigener Körper

Noch piepst

Beim Einscannen

Oder

Alles bereits

Erloschen ist

Wertlos

Abgelaufen

Der Piepslaut

Der dich frei macht

Vielleicht

Spielen und Laufen

München, 8/4/18, 9 Uhr

Der Ball

Rollt dir davon

Lauf, lauf

Hurtig, hurtig

Lauf und spiel

Hol ihn ein

Da liegt er

Tritt zu

Schieß ihn weg

Immer weiter fort

In die Welt hinein

Der Ball

Dein Leben

Du hast nur

Diesen einen Ball

Wie auch nur

Dieses eine Leben

In deinem Spiel

Geht es um Alles

Außer ihm

Ist nichts

Du täuschst dich

Wenn du meinst

Die Welt

Kümmre sich um dich

Rolle dir

Einen neuen Ball zu

Wenn dieser dir

Verloren geht

Schaue dir dabei

Auch noch zu

Sie hat wahrlich

Anderes zu tun

Du alter Kindskopf

Blinde Frau mit Hund

München, 9/5/18, 17 Uhr, Auwald

Wie sieht es
In deiner Welt aus
Kleine blinde Frau
Tapernd durch den Wald
Geführt von deinem Hund
Ohne den du
Verloren wärst
Um dich herum
Kindergeschrei
Hundegebell
Zwitschern der Amseln
Du hörst es rascheln
Nicht weit weg von dir
Und doch unendlich entfernt
Ein anderes Universum
Hast du keine Angst?
So grenzenlos allein?
Jeder Sturz
Jedes Stolpern schon

Ankündigung

Einer möglichen Katastrophe

Grenzenloses Vertrauen

In deinen länger schon

Humpelnden Hund

Der schneller als du

Alt und gebrechlich geworden ist

Dein Bindeglied

Zur Welt dort draußen

Die direkt an deiner Haut angrenzt

Auf deine Weise

Eroberst du sie dir

Legst sie dir zurecht

Baust sie in dir neu auf

Stück um Stück

Hut ab

Vor deinem Mut

Dich ihr zu stellen

Hier

Mitten im Wald

Zugleich

Kopfschütteln

Über die eigenen

Problemchen

Die dabei wegschmelzen

Bedeutungslos werden

Du hältst mir

Den Spiegel vor

Beschämst mich

Zutiefst

Ziehst mir

Den Schleier vor den Augen

Mit einem Ruck weg

Ich danke dir

Hunger nach Leben

München, 10.4.18, 8.00 Uhr, Zuhause

Dein Gesicht

Grässlich entstellt

Kraterlandschaft

Aus der hilflos

Zwei Augen hinaus

In die Welt blicken

Welt aus Schönheit

Alles so jung

Dir auf immer verschlossen

Furchtsam, scheu und

Neidisch zugleich

Jeder in der U-Bahn

Starrt auf dich

Meint

Du merkst es nicht

Blickt schnell weg

Wenn du zurückblickst

Du bist

Der Tod

Mitten unter uns

Dein Grinsen

Als ein Kind dich anstarrt

Erlischt

Als du siehst

Wie die Furcht

Von ihm Besitz nimmt

Furcht und Grauen zugleich

Du weißt nicht

Dass dein Grinsen

Noch schrecklicher ist

Als dein totes Gesicht

Das Kind

Wirft sich in den Schoß der Mutter

Verbirgt sich dort

Vor dir

Du alter Kinderschreck

Du blickst weiter hin

Und nickst der Mutter zu

Wartet nur

Formen deine Lippen die Worte

Auch für euch

Ist die Schicksalsmünze

Bereits geprägt

Mit dem Datum

Eures letzten Tags

Morgen früh

Beim Überqueren

Der Straße

Hand in Hand

Liegt ihr da

In eurem eigenen Blut

Vielleicht

Fiel euch noch

Beim letzten Atemzug

Mein Gesicht ein

Slang

München, 11.4.18, 15.00 Uhr, Engl. Garten

Der Elfte!

Eh Dicker

Keine Ahnung

Siedler gespielt

Voll abgefahren

Mann

Leute

Voll cool

Keine Ahnung

Geil Alter

Keine Ahnung

Voll abgekackt

Keine Ahnung

Keine Ahnung

Keine Ahnung

Scheiße

Voll daneben

Checker

Keine Ahnung

Vollchecker

Darf nicht wahr sein

Komplett geil

Scheißegal

Keine Ahnung

Der Plan ist

Oh mein Gott

Keine Ahnung

Supergeil

Kein Plan

Wieder was gelernt, Mann!

Verweilen

München, 11.4.18 7.00 Uhr

Der Elfte!

Heute mal

Kein Schmerz

Danke

Ein Geschenk

Nicht selbstverständlich

Dankedankedanke

Alles auf Abruf

Körper wie Geist

Bröselbröselbrösel

Zum Ende

Hinkippen

Zur Erde hin

Aus der wir einst

Gekrabbelt sind

Schleimbatzen einst

Bald wieder vereint

Von Wurm zu Wurm

Nur noch

Ein kleines Weilchen

Dann kommt

Würmchen auch zu dir

Und winkt dir erst keck

Mit dem Schwänzchen zu

Ehe es eintaucht

In sein Fressparadies

Noch meint der Tod

Nicht uns

- oder doch?

Entrümpelung

Nürnberg, 12.4.18, 16.00 Uhr, Wöhrder Wiese

Alles muss raus

Erinnerungen

Im hohen Bogen

Fliegen auf die Straße

In den Müll

In den Schredder der Zeit

Herzblut

Längst eingetrocknet

Nur noch lästig

Unnützer Ballast

Sinnlos vertane Zeit

Nur noch lächerlich

Unweigerlich bloßgestellt

Letzte Farbe

Im Grau der Zeit

Nichts wie hinaus

Bis als Allerletztes

Du auch selbst

Hinausbefördert wirst

Dann herrscht endlich

Ruhe

Nichts mehr

Rührt sich

Kein Blatt

Am nun auf immer

Kahlen Geäst

Deines Baums der Erinnerungen

Der mit dir

Vermodert

Feinde

Postbauer, 13.4.18, 16.00 Uhr, Wald

Ost und West

Schwarz und weiß

Dick und dünn

Klein und groß

Alles fällt

Übereinander her

Mischmaschmusch

Verfall

Was früher war

Danach kein Hahn

Der Feind steht jetzt

Überall

Nachbar oder Fremder

Alles gehört überwacht

Du darfst nicht anders sein

Du bist der Feind

Sonst gehörst du

Abserviert

Eingelocht

Ausgelöscht

Ausradiert

Hat zu klappen

Sonst besser gleich

Ausgerottet

Nicht lange fackeln

Besser weg mit dir

Du hast ohnehin

Hier nichts zu suchen

In unserem Club

Der feinen Pinkel

Letzte Worte

München, 14.4.18, 11.00 Uhr, Innenhofgarten Uni

"Ich habe viele Fehler gemacht. Aber es kann noch alles gut werden!"

Husserl auf dem Sterbebett

Letzte Worte

Taugen ebenso wenig

Wie erste Worte

Und das dazwischen

Taugt auch nicht sonderlich viel

Wieso also

Überhaupt

Den Mund aufmachen?

Nach Worten schnappen?

Nach Luft schnappen?

Nach dem Leben schnappen?

Warum

Lässt man es nicht einfach sein

Von Anfang an

Erspart sich

Viel Ärger

Etwa deshalb

Weil es Spaß macht

Weil es drängt

Tief in Einem drin

Wer oder was sollte

Es sein, dieses Es?

Ist es nicht deshalb

Weil es jetzt

Diesen

Genau diesen

Einzigen

Unverwechselbaren

Köstlichen

Augenblick gibt

Der

Restlos

Alles rechtfertigt?

Yogastunde

15.4.18, 10.00 Uhr, München, Pinakothek

Menschen

In deiner Hand

Die du führst

Und formst

Vertrauen

In dein Können

Nur zu rechtfertigen

Durch Praxis

In absolut

Gegenseitiger

Wohlgesonnenheit

Dabei jeder

Fähig zu töten

Fähig zu lieben

Jetzt

Wie Ölsardinen

Nebeneinander liegend

Nur dem Atem folgen

Sonst nichts

Seltsame Kreatur Mensch

Sich selbst zutiefst rätselhaft

Nur gut

Dass ständig so viel

Zu tun ist

Und keine Zeit bleibt

Darüber zu grübeln

Über dieses Wesen

Nicht Fisch nicht Fleisch

Nicht Gott nicht Tier

Einzig sich selbst Spagat

Über dem eigenen

Abgrund

Kolonialrestland Namibia

München, 16.4.18, 10.00 Uhr, Unicafé

Auf Sand gebaute

Trümmer

Im Sand

Versinkend

Zu Sand wieder werdend

Der Kreis schließt sich

In den hinein

So viel Blut gegossen wurde

Ohne ihn

Je zu füllen

Alles versickert

Nichts kann sich

Gegen den Zahn der Zeit erheben

Nichts

Vergiss es

Etwas Dauerhaftes

Errichten zu können

Pittoreske Traurigkeit

Bleibt noch für eine Weile

Leer ragen die Überreste

Als stumme Zeugen

Menschlicher Hybris

Aus den Sanddünen hervor

Starren dich an

Manchmal noch vom Wind

Kurz frei gegeben

Für ein letztes Winken

Dem Betrachter

Den Spiegel vorhaltend

Tief, tief

Geht es

In dich hinein

Ruft dir zu:

Bald schon auch du!

Vorbeidefilieren

München, 17.4.18, 11.00 Uhr, U-Bahn Unistation

Studenten eilen

Hin und her

Geschäftig

Ameisen

Hetzen hurtig

Nur nichts verpassen

So jung, so jung

Hier wetzt sich

Stück für Stück

Die Hoffnung des Landes ab

Werdet ihr alle

In Frieden leben dürfen?

Seltsam

Ich beneide euch

So gar nicht

Weder um Jugend

Noch Möglichkeiten

Zum Glück

Wisst ihr nicht

Was euch bevorsteht

Naturgegebene Blindheit

Aus Gnade

Jetzt einfach

Dasitzen

Euch zuschauen

Den lieben langen Tag

Danke

Raster

München, 21.4.18, 16.00 Uhr, irgendwo

Schau aufs Datum

Auf die 70 zu

Heißt nun was?

Der Zug fährt schneller

An den Stationen vorbei

Aussteigen und verweilen

Ist nicht mehr vorgesehen

Landschaften des Lebens

Rattern vorbei

Kaum mehr sind

Einzelheiten zu erkennen

Alles verwischt sich

Zu Schlieren und Streifen

Bis zum einen

Einzigen

Hintergrundsrauschen

Bald ist

Das gesamte Blickfeld

Davon ausgefüllt

Perspektiven überlappen sich

Alles wird einfacher

Weil erst Manches

Dann Vieles

Dann Alles

Durch den Raster der Zeit

Fällt

Durch den schließlich zuletzt

Du selbst auch fällst

- Exit

Franz-Georg (27.6.26-28.3.18)

Postbauer, 19.4.18, 16.00 Uhr, Terrasse

- verwirklichte Form? -

Jetzt

Hast du

Deinen Baum gefunden

An dem du

Tag und Nacht

Geistig

Dein Bein heben kannst

Oder

Fand der Baum dich?

Entelechie

Hier wird's vollbracht?

Jedenfalls

So oder so

Vorbei

Alle Ziele

Sind aufgehoben

Aufgelöst

Im einen Ganzen

Was bleibt?

Ein paar Bilderszenenworte

Es bleibt dein Drang

Deine Gier

Nach Leben

Nach Jugend

Nach Körpern

Dein überblähtes Ego

In das nun

Die Schicksalsnadel piekt

Immer mehr:

Bis es platzt

Das braucht es jetzt nicht mehr

Endlich

Ruhe

Vor der Welt

Für die Welt

Sterbe wohl

Schon dahin

Du

Schnee von gestern

Kirschblüten

Postbauer, 20.4.18, 8.00 Uhr, Keller

Bisher

Hattest du nie

Begriffen

Was an diesen

Kleinen weißen

Flauschigen Dingern

So kurzlebig

Nach Licht lechzend

Besonderes sein soll

Schön?

Na und?

Nur jetzt

Seitdem du ahnst

Dass du sie

Nicht mehr allzu oft

Blühen sehen wirst

Weißt du es

Gruß

Des Lebens

Mit dieser Einsicht

Mit diesem Biss

In den Apfel vom

Baum der Erkenntnis

Ist es bereits

Der letzte Gruß?

Bedeutet

Die Augen aufzuschlagen

Bereits

Den Tod zu sehen?

Und doch schön

Sensenahnung

Postbauer, 18.4.18, 15.00 Uhr, Terrasse

Reckst dich

Streckst dich

Räkelst dich

Hin zur Sonne

Zum Leben

So wenig Zeit

Was hat alles noch

Zu geschehen

Bis die Kälte kommt

Beeil dich

Kleines unscheinbares

Pflänzchen

Dass du auch

Teil wirst

Im Reigen

Im Schwingen und Tanzen

Bis

Der Schnitter kommt

Und der Tanz

Erneut beginnt

Gleich

Ob mit oder

Ohne dich

Leergedicht

München, 22.4.18, 0.00 Uhr, Cafe

Das Gedicht

Drängt zum Papier hin

Doch es fehlt etwas

Der Gedanke kreist

Im Leeren

Haftet nirgendwo an

Bohrt weiter

Gräbt sich nicht ein

Setzt keine Spur

Findet nicht

Aus sich heraus

Verpuppt sich

Schließlich

Schmollend

Schließt sich

Als beleidigte Leberwurst

In seine eigene Pelle ein

Verhärtet sich

Verkümmert

Vertrocknet

Stirbt ab

Deshalb bleibt

Dieser Gedichtplatz

Leider leer

Zeit

München, 23.4.18, 8.00 Uhr

Schlüpft

Durch die Finger

Glitschig

Formlos

Und doch

Etwas bleibt hängen

Verstopft die Raster

Dämmert dann weg

Schillert noch etwas

Wie aus weiter Ferne

Ein Winken

Vielleicht auch

Ein Schmerz

Dumpf, schlingernd, schlierig

Vielleicht auch

Ein Bild

Das wir kurz mitnehmen

Auf unserer Reise

Ein Einziges

Nicht mehr

Viel zu schwer

Bald schon Ballast

Wenn wir dann

Zu gehen haben

Zieht sich dann

Zum Punkt zusammen

Und erlischt

Nicht mehr wichtig

Weil du selbst

Nicht mehr wichtig bist

Verrückung

24.4.18, 19.00 Uhr, München, Terrasse

Tief

Unter der Erde

Da

Wo die

Bahnen durch Röhren

Dahinrauschen

In einer Ecke

Zwischen Schaufenstern

Unter Neonlampen

Eine Frau schneidet

Rosenstängel ab

Stück für Stück

Während die übrigen Blumen

Zuwartend

Bei jedem Knipsen

Zusammenzucken

Dort im neu eröffneten

"Blumenparadies"

Aus der Erde gerissen

Zum Tod verurteilt

Um im Sterben

Zu erfreuen

Ist das nun verrückt

Oder bin ich es

Oder

Wo bleibt

Die Blumenrache

Punkt

Allersberg, 25.4.18, 9.00 Uhr, Wald

Erst da

Als die Vögel

Verstummten

Die Bienen

Ausblieben

Als es so still wurde

In der Welt

Als dann auch noch

Die Schnecken

Die Ameisen

Die Käfer

Die Schmetterlinge

Verschwanden

War es jedem klar

Auch dem letzten

Politiker

Dass ganz entscheidend

Etwas verpasst wurde

Wann war er gewesen

Dieser Point

Of no return?

War es erst kürzlich

War da nicht gerade

Noch Heute

Jetzt

Egal

Vorbei ist vorbei

Rauswurf

Postbauer, 26.4.18, 13.00 Uhr

Alles fliegt raus

Das gesamte Innenleben

Wird ausgekotzt

Wie eine Seegurke

Die bei Gefahr

Ihren Darm erbricht

Ab in die Container

30 Jahre Schrott

Einst wertvoll

Auf Nimmerwiedersehen

Ohne Reue

Entlastung pur

Trauer: Nicht die Bohne

Erleichterung

Ballast abwerfen

Leicht werden

Für das Kommende

So leicht

Bis es klappt

Mit dem allerletzten

Flug

Hin zur Sonne

In die Sonne

In den Schmelzofen

Der Zeit

In den großen

Gleichmacher

Zerbrechlich

Postbauer, 27.4.18, 9.00 Uhr

Es knirscht

Dein Schneckenhaus

Unter meinem Schuh

Schon zerborsten

Wie es krachte!

Unachtsam

Unwiederbringlich dahin

Bald schon

Zerbrechen

Die eigenen Knochen

Unter dem Schritt

Der Zeit

Ein Wunder

Bis jetzt

Ging alles gut

Schon dieses jetzt hier

Kann der Wendepunkt sein

Zerbrechen

Noch nicht einmal

Aus Unachtsamkeit

Einfach nur so

Weil es

An der Zeit ist

Zwischen zwei Stühlen

München, 28.4.18, 11.00 Uhr, Unigarten

Kleine Taube

Verloren

Auf der Straße

Was weiß ich schon

Von dir?

Welten

Die aufeinanderprallen

Nur unser Blick

Verbindet

Fragend

Wer sind wir uns?

Schon jagst du

Einer Amsel hinterher

Die dich stört

Während ich

Dem erfüllten Augenblick

Mit dir

Hinterher jage

Den ich dir

Du mir

Wir uns

Stibitzt haben

Schon vorbei

Bist längst fort

Ehe ich Zugang hätte

Zu deiner kleinen Welt

Hilflos hänge ich

Zwischen deiner und meiner Welt

In der Leere

Bis ich wieder Fuß fasse

Nach wie vor

Fern von dir

Noch immer

Fern von mir

Kurzsichtig

München, 29.4.18, 8.00 Uhr

Mensch

Was tust du

Dir nur an

Andauernd

Ohne zu überlegen

Nur

Weil du die Folgen

Nicht unmittelbar siehst

Nimmst den Tod in Kauf

Meinen, unseren, also auch

Deinen Eigenen

Weshalb?

Was kannst du schon

Mit dem ganzen Geld anfangen

Das es dir einbringen mag

Augenblickserfüllung

Langeweilevertreibung

Lusttaumel

Erhofft

Vielleicht aber auch einfach nur

Jede Menge Ärger

Nur, weil wir

Auf unserer Weltinsel

Jenseits von

Hunger und Durst leben

Kurzsichtig aus Faulheit?

Aus Bequemlichkeit?

Aus Feigheit?

Aus Dummheit?

Aus allem heraus?

Keine Ausreden

Nur Tiere

Sind unschuldig

Wenn sie töten

Oder Dinge tun

Die zum Tod

Anderer führen

Du/ich/wir nicht

Kassiererin

München, 30.4.18, 9 Uhr, U-Bahn

Dicke Frau

Blondiert

Haare hoch toupiert

Fingerkrallennägelig

Aufgeschwemmt

Illustriertenabklatschbild

Erbärmlicher Ausdruck

Völliger Hilflosigkeit

Was mit diesem Leben

Alles

Anzufangen wäre

Nullnummer

Der Gesellschaft

Im Reich der Zahlen

Angekommen

Die du nicht verstehst

Die nur pausenlos

An dir vorüberziehen

Während du Ware um Ware

An dem Licht vorbeiführst

Das du auch nicht verstehst

Wozu auch?

Du musst nur funktionieren

Wie ein Maschinenarm

Mehr wird von dir

Nicht verlangt

Ganz gleich

Ob dir dabei

Die Sehnsucht

Aus den Augen quillt

Alles um dir hierum

Gehört dir nicht

Vieles davon

Kannst du dir

Nicht einmal leisten

Wie schnell

Saust alles

Unter deinen Händen dahin

Doch dann

Auf einmal

Dieser Seufzer

Aus tiefster Seele

Inbrünstiges

Aufstöhnen

Aus deinem aufgespritzten

Kirschrot umrandeten Mund

Weil du plötzlich spürst

Wie mit jeder Ware

Dein eigenes Leben

Sich am Band

Unter dem Licht

Ein klein wenig weiter

Abnützt

Wem aber

Geht es anders

Wohnungsauflösung

München, 1.5.18, 10.00 Uhr

Vollgestopfte Kartons

Mit Vergangenheiten

Brechen durch

Alles purzelt durcheinander

Dies und das

Zerbricht

Wird zu Dreck und Müll

Zu entsorgen

Das war es

Fotos als Kind

Liebhaber

Verschmierte Briefe

Zwischen

Asche Kippen Schimmel

Spinnwebenumwebt

Dein Leben

Kommt auf die Kippe

Alles einst Wichtige

Nur noch lästig

Muss weg

Ab in die Tonne

Spring am Besten

Gleich mit hinein

Und dann endlich

Deckel zu

Ruhe ist

Jetzt kann sich

Dein Körper

In aller Stille

Zersetzen

Abschiede

Postbauer, 2.5.18, 21.00 Uhr, Keller

Letztes Gezwitscher

Einer Amsel

Letztes Summen

Einer Hummel

Letztes Flügelspiel

Einer Fliege

Letztes Blinken

Eines Sterns

Letzter Schluck

Eines guten Rotweins

Letztes Wort

Verhallt

Letzter Herzschlag

Letztes Zuzwinkern

Deiner Welt

Dann

Auf einmal

Hört alles auf

Etwas ganz Neues

Auf jeden Fall

Ganz Anderes

Beginnt

Mit oder ohne dir

Freust du dich?

Doris

Postbauer, 3.5.18, 7.00 Uhr, Keller

Wunderst du dich

Dass du

Gerade du

In diesen Gedichten

So gut wie

Nicht vorkommst?

Nur deshalb

Weil du in jeder Zeile

Steckst

In jedem Wort

In jedem Gedanken

Als Hintergrund

Vordergrund

Untergrund

Hauptgrund

Unsere Liebe als Grund

So ist es

Und nicht anders

Feuerwanzenblues

Postbauer, 4.5.18, 15.00 Uhr, Keller

Wir hängen zusammen

Und tanzen uns

Die Seele aus dem Leib

Tanzen unsere Lust

In die Welt hinaus

In die Welt hinein

Querbeet geht es

Über Stock und Stein

Jeder

Der Augen hat

Sieht es

Wie wir blindlings

Ineinander vergehen

Mit unseren Hinterteilen

Aneinander geheftet

Wer drängt?

Wer schiebt?

Das Ziel

Ist jetzt das danach

Ist das Zuwarten

Auf das nächste Jetzt

Liegt dann schon davor

In unserer Lust

Sehen wir ihn nicht

Den bereits über uns

Schwebenden

Schatten werfenden Schuh

Der nun aufsetzt

Mitten um uns

Country Pie

Postbauer, 5.5.18, 9.00 Uhr

Bierzelt

Gerammelt voll

Country music

Schrammel schrammel

Fidel fidel

Klatsch klatsch

Leute wie Figuren

In Reihen aufgestellt

Verkleidet

Drehen sich

Jetzt

Der Höhepunkt

Man klatscht

Gemeinsam

Kraftvoll

Betont

In die Hände

Alle auf einmal

Und alle

Freuen sich

Wie die Schneekönige

Countrykönige

Nur einer

Wieder einmal der da

Tanzt aus der Reihe

Bleibt stehen

Wenn alles sich wegdreht

Blickt stur weiter

Auf die Bühne

Er allein

Grinst nicht

Es ist die Sängerin

Üppigblondmassigundmachtwasher

Flirtet mit dem Banjospieler

Oder

Ist es sein Tod

Der ihm im nächsten Moment

Von der Bühne her

Wie eine Spinne

Mitten ins Gesicht springt

In ihn eingekrallt

Mit ihm

Zu Boden sinkt

Kurzes Zappeln

Ausschlagen der Beine

Dann war es das

Gewesen mit

Unserem Cowboy

Macht Platz

Schon reitet er ein

In die ewigen Jagdgründe

Abschiede

München, 6.5.18, 9.00 Uhr

Ein letztes Mal

Alte Freunde sehen

Ein letztes Mal

Krähen krächzen hören

Ein letztes Mal

Wellen zusehen

Ein letztes Mal

Auto fahren

Ein letztes Mal

Kaffee trinken

Ein letztes Mal

In die Sonne blicken

Ein letztes Mal

Worte sprechen

Ein letztes Mal

Atmen

Ein letztes Mal

Lächeln

Ein letztes Mal

Dich sehen
Baldsobaldallzubald

U - Bahn

München, 7.5.18, 10.00 Uhr, Unihof

Menschen

Zu viele sitzen sich

Gegenüber

Eng zusammengepfercht

Station für Station

Blicken sich an

Blicken weg

Wenn sie merken

Dass sie angeblickt werden

Zeit vergeht

Befriedete Tiere

Lassen alles

Mit sich geschehen

Jeder woanders

Nur nicht

Bei sich

Wieso nicht

Lachen

Sich miteinander freuen

Freundliche Worte

Es wäre so einfach

Nein, lieber woanders

Mit Anderen

Kontakt halten

Nur nicht hier

Geht gar nicht

Oder doch?

Requiem für Willi

(Tod eines Vögelchens)
München, 8.5.18, 8.00 Uhr

Viel zu kurz

Hier in der Welt

Erst

Aus dem Nest gefallen

Auf die Straße gestürzt

Von der Katze aufgeklaubt

Aus dem Katzenmaul gerettet

Aufgepäppelt

Mit Namen belegt

Und doch -

Das viel zu schwache

Köpfchen eingerollt

Der Bauch so dick

Kaum Federchen

Abschied nehmen

Vom Tageslicht

In den Blumentopf

Bereit machen

Für die nächste Runde

Wenigstens

Schläfst du satt

Hattest es warm

Das Leben ein Traum

Hörst du nicht?

Es ist soweit

Wach auf, Willi!

Dieser Ruf

Gilt allein dir

Heb dein Köpfchen

Schon fliegt dir

Deine Seele

Aus dem Schnäbelchen

Bald schon

Flatterst du wieder

Freu dich

Kleine Geschenke

München, 10.5.18, 7.00 Uhr

Unverhofft

Plötzlich

Aus dem Nichts

Auftauchen

Wie hingeschneit

Direkt vor die Füße

Im Vorbeigehen

Du musst

Nur hinsehen

Die kleine Schnecke

Am Baumstamm

Ein sich drehendes Blatt

Im Wind

Ein Kinderlachen

Das dich trifft

Weil dieses Lachen

Dir selbst gilt

Oder

Oder

Oder

Jeder Tag

Ist voll davon

Du musst nur

Aufmerken

Bereit dafür sein

Und das dir Zugeworfene

Auch auffangen

Und zurückfedern

Mit deinem Lächeln

Wechsel

- Doch noch ein Dorisgedicht -
Postbauer, 10.5.18, 8.00 Uhr

Ausräumen
Wegwerfen
Ausmisten
Das halbe Leben
Wandert durch die Hände
Und wird
Als zu leicht empfunden
Um noch länger
Aufgehoben zu werden
Wertlos
Ein Teil von dir
Der abstirbt
Abfällt
Ausgemerzt wird
Alles viel zu viel
Verwunderung darüber
Dass dies alles einst
Seine Bedeutung hatte

Dinge

Aus einem anderen Leben

Fern angesiedelt

Weit hinter dem Horizont

Weiter geht die Fahrt

Von Hafen zu Hafen

Getrieben

Vom Sturmwind der Zeit

Unterbrochen

Von Flauten

Hingetrieben

Zu dir

Geborgen

Ich weiß

Woher ich komme

Und sehe

Wohin ich gehe

Und bin

Glücklich

Mit dir

Mücken

Postbauer, 11.5.18, 7.00 Uhr

Auf und ab schweben

Eine Welt für sich

Lauter

Punktindividuen

Wie wir selbst

Mückenschwarm

Über der Wiese

Selbstvergessen

Im Tanz

Im Rausch verfangen

Ihres kurzen Lebens

Freude pur

Oder

Ist das bereits

Völlige Fehleinschätzung

Ihre Sorgen und Ängste

Uns verschlossen

Weil uns das

Empfinden dafür fehlt

Die reine Idylle ihres

Werdens und Sterbens

Keiner sieht

Den ständigen Kampf

Ums reine Überleben

Ums Fressen

Und Fortpflanzen

Oder

Ist es doch das Spiel

Das hier überwiegt

Wessen Spiel?

Die Sonne steht tief

Kündigt ihren Abschied an

Danach Kälte und Dunkelheit

Doch keine Sorge

Schon fährt von oben herab

Eine Schwalbe in die quirlige Wolke

Räumt auf

Nimmt fort

Zieht ihre Spur

Die sich schnell schließt

Niemand sieht mehr diejenigen

Die jetzt fehlen

Keiner bemerkt

Dass die Wolke

Geschrumpft ist

Das Gewusel geht weiter

Hier ebenso wie

In der Fußgängerzone

Wo wir selbst

Eilen und hetzen

Und es

Nicht auffällt

Dass du fehlst

Diebe in der Nacht

München, 12.5.18, 9.00 Uhr

Du kannst machen

Was du willst

Du erwischst sie nicht

Sie kommen

Angesiedelt

Auf der Kippe

Zwischen Mitternacht und

Neuem Tag

Im Spalt der Zeit

Zwischen vorher und nachher

Alle Fallen

Umgehen sie

Bleiben ungeschoren

Selbst Starkstrom

Hält sie nicht ab

Wie auch nicht

Jaucheüberzug

Füllung aus

Gift und Eiter

Immer ist sie weg

Spurlos verschwunden

Die Schokolade

Ratlos starren wir

In das ausgeräuberte

Kühlschranknest

Gibt es denn nichts

Was sie aufhält?

Rein gar nichts?

Sind wir ihrem Treiben

Schutzlos ausgeliefert?

Was werden sie

Als Nächstes holen?

Unsere Seelen?

Gespinstmotten

München, 13.5.18, 8.00 Uhr, Terrasse,

nach Langwieder See

Sie hängen

Zwischen Himmel und Erde

An langen Fäden

Baumeln

In Trauben übereinander

Schwingen hin und her

Im Wind

Winden und kringeln sich

Führen ihren Tanz auf

Im frühmorgendlichen

Sonnenlicht

Beschäftigt

Eilig

Denn schon fliegt

Mit offenem Schnabel

Ein Rabe vorbei

Und der Tanz

Ist zu Ende

Ruft nur

Was ihr könnt

Wir schmecken nicht

Vielleicht nützt es

Vielleicht auch nicht

Scheitelpunkt

München, 14.5.18, 7.00 Uhr

Von jetzt an

Von hier aus

Geht es nur noch

In alle Richtungen

Bergab

Ganz gleich

Wohin du dich auch immer

Wendest

Eigentlich

Ist es gelaufen

Vorbei

Jetzt erfolgt nur noch

Abtragen von Altlasten

Vergangenes

Flimmert filigran

Neues ist bereits alt

Und das Alte bleibt alt

Ausgelutscht

Der Saft ist raus

Die große Schläfrigkeit

Müde lässt du dich

Treiben

Im Gähnmeer

Nur endlich dorthin

Wo Ruhe ist

Für immer

Deine letzte Freude

Einfach nur

Nichts mehr zu spüren

Rein gar nichts

Ist es so

Sagsagsagschon

Dass es anders ist

Bring mir

Farbe

Bring mir

Feuer

Mir

Lebensgierschlund

Augenblick

München, 15.5.18, 8.00 Uhr, Terrasse

Nach der Zeit greifen

Immer ins Leere hinein

Doch

Durch die Fülle des Augenblicks

Stiebt nach allen Seiten

Ein Eindrucksschwarm

Auseinander

Jede dieser Mücken

Ein Farbtupfer

Hinausgetragen

Auf Handtellern

Der Welt gereicht

Als Opfer

Um zu vergessen

Bis nichts mehr

Zurückbleibt

Alles ausgeschöpft

Jedes neue Aufscheinen

Verwandelt

Anders

Nicht mehr mein

Abgeschieden

Draußen

Tür zu

Was blinzelt da

Durchs Schlüsselloch

Vorwitzig

Nachrichtenmann

München, 16.5.18, 8.00 Uhr

Aus der Ferne

Komme ich zu dir

Bringe meine Meldungen

In dein Zimmer

Dicht an dein Ohr

Stopfe sie

Mit meiner Stimme hinein

Friss!

Verdau!

Zuvor aber

Verneige ich mich

Huldvoll vor dir

O du mein

Begehrter Leser!

Doch du gehst vorbei

Meinst

Mich nicht nötig zu haben

Ich aber bohre mich

Als Wurm in dein Hirn

Von wegen

Zu meinen

Mich nicht beachten zu müssen

Ich zeige dir

Wie du tickst

Klar?

Du willst sie doch lesen

Ehe sie sich von selbst

Erübrigt hat

Meine Nachricht

Über deinen Tod

Sperrmüll

Postbauer,17.5.18, 18.00 Uhr, Keller

Jahrzehntelang

Aufgestapelte

Gehortete

Verstaubte

Vergangenheit

In hohem Bogen

Fliegt sie in den Container

Bild um Bild

Unzählige Erinnerungen

Mit Stumpf und Stiel

Ausgerissen

Längst

Tun sie nicht mehr weh

Alles erloschen

Abgeheilt

Noch nicht einmal mehr

Narben

Weg damit

Herzkopfseelenschmerz

Platz für ein letztes Neues

Auf dem geöffneten Handteller

Des Todes

Liegt es bereit

Ganz allein

Für dich

Pflück es dir

Herunter

Nimm es

In den Mund

Schmecke

Lakritzbitter

Erdalstechend

Omapissig

Geniesse

Wenn du kannst

Ich-AG

Postbauer, 18.5.18, 6.00 Uhr, Keller

Ich renne

Gegen die Welt an

Sie weicht nicht aus

Bewegt sich keinen Millimeter

Der Aufprall ist heftig

So hatte ich mir

Das nicht vorgestellt

Was für eine Wucht!

Schon ist es vorbei

Platt gedrückt

Wie eine Wanze

Passend gemacht

Sie lacht mich aus

Als ich ihr sage

Dass es nur einen Sieger geben könne

Weist dabei

Um sich

Jeder ein Sieger

Jeder ein Verlierer

Ich schüttle den Kopf

Auf ein Neues

Nehme wieder Anlauf

Ich kann das alles

Ganz allein

Schmerzhafte Lernprozesse

Mit garantiert

Tödlichem Ausgang

Warum hörst du nicht

Einfach auf damit

Ich kann nicht

Fabrikware der Natur

Hommage an Schopenhauer

Für Simon

Postbauer, 19.5.18, 7.00 Uhr

Was ist das nur

Für ein bescheuertes Leben

Arbeiten

Bis zum Umfallen

Dazu noch

Sich gegenseitig anschreien

Kiffenkoksensaufen

Jeder hintergeht jeden

Freizeit dient dazu

Weiter zu machen mit

Saufenkoksenkiffen

Unentwegt

Es gibt kein Entrinnen

Betäubung um jeden Preis

Neben den sonstigen Bedürfnissen

Die dem untergeordnet werden

Um wieder arbeiten zu können

Ich sehe zu

Ich trauere

Um die verloren gegangenen

Möglichkeiten

Zudem weiß ich

Auch mir selbst

Hätte es so ergehen können

Um ein Haar

Um ein Dorishaar

Niemand kann sich

Auf Dauer davor verstecken

In den Spiegel zu sehen

Auch du nicht

Kleiner Koch

Buchstabenschau

München, 20.5.18, 7.00 Uhr

Sie umkreisen mich

Sie tanzen mit mir

Ich in der Mitte

Als goldenes Kalb

Als zu schlachtendes Kalb

Nur durch mich

Werden sie erweckt

Deshalb benötigen sie mich

Noch

Sinn haben sie

Durch mich

Ich verleihe ihnen Inhalte

Doch nur die

Die ich ihnen gebe

Vieles bleibt

Verborgen

Bleibt hängen

Geht verloren

Sie wissen es

Wenn sie mich töten

Schneiden sie sich selbst

Den Lebensfaden ab

Deshalb erhalten sie mich

Füttern mich

Mit Buchstabensuppe

Da draußen

Sind sie so gut wie tot

Sie sind im Bild

Deshalb bleiben wir

Freunde

Aus Not

Auf Zeit

Bis auf weiteres

Zukunftspläne

München, 21.5.18, 15.00 Uhr

Weißt du noch

Wie es damals war

Das könnte ich nicht mehr

Das will ich nicht mehr

Und doch

War es nicht schön

Schönschönsoschön

Und schön ist es

Dass es vorbei ist

Wie lange noch

Bis auch der Rest

Abgehakt ist

Dann wenn

Nichts mehr drängt

Was könnten wir

Dann alles machen

Dann machen wir es uns

So richtig schön

Schönschönschönsoso

Niemand stört uns dann

Niemand will mehr etwas

Von uns

Dann

Wenn wir erst einmal

Tot sind

Sitarkonzert

Allersberg, 22.5.18, 8.00 Uhr, Wald

Flinke Finger

Sanft verzerrte Töne

Hören

Bis in die äußersten

Verästelungen hinein

Schmerz und Freude zugleich

Leben seziert

Filigran

Ausgebreitet auf dem Tablett

Das Herz wird weit

Die Melodie begleitet weiter

Durch die nächsten Tage

Das danach wird zum davor

Was wäre das Leben

Ohne diese Töne im Ohr

Hurtig geht es weiter

Mit den

Ameisenfingern

Hin zum Ziel

In dich hinein

Und zugleich

Weit über die Welt hinaus

Um sich

Nach dem Durchlaufen des Kreises

Hinter deinen Ohren

Wieder zu verknüpfen

Dich einbindend

Wir

Zerstörte Körper

Kaum

Dass sie zu leben beginnen

Ist der Zerfall schon da

Nur langsam genug

Noch gerade Zeit

Sich fortzupflanzen

Von Beginn an

Hakt es

Vorne und hinten

Klappt es nicht

Spritzen wir dich

Ins Leben hinein

Und

Aus dem Leben hinaus

So einfach

So unkompliziert

Alles ganz sauber

Wir haben es

Voll im Griff

Wir

Das sind

Du und ich und

Noch ein paar Andere

Verlorene

Auf der einsamen Insel

Neue Freunde

Sie ticken anders

Sie sind mitten unter uns

Sie strömen in uns ein

Sie meinen es ja gar nicht so

Sie wollen nur dabei sein

Sie sind so bedürftig

Was können sie dafür

Dass sie uns dabei

Gleich mit übernehmen

Schwupps

Sitzen sie am Ruder

Stück für Stück

Reißen sie uns selbst

Aus unseren Händen

Wieso wehrt sich niemand

Wir sind so müde

Wir wollen unsere Ruhe

Vielleicht auch

Merken wir es gar nicht

Wie schnell uns

Der Sand unter den Füßen

Weggespült wird

Schon stürzen wir

Und freuen uns noch dazu

Hoffen

Dass es so bleibt

Wie es war

Wir Wohlgesonnenen

Wir verdienen es

Nicht anders

Plumps
Pardauz

Kreisverkehr

Postbauer, 25.5.18, 9.00 Uhr, Garten

Kunterbunt

Geht es durcheinander

Alles gleich wert

Alles gleich wertlos

Alles über einen Kamm

Geschoren

Hol dir

Was du brauchst

Schließlich sind wir

Grenzenlos frei

Alle Bindungen gelöst

Alle Regeln hinfällig

Kein vorher mehr

Und kein nachher

Nur das unendliche jetzt

Und oft

Selbst das noch nicht einmal

Armselige Zeit

Alles versammelt

Auf dem Kehrichthaufen

Schon von Heraklit

Beschrieben

Liegt noch immer da

Keiner räumt auf

Der Anfang ist das Ende zugleich

Der Kreis schließt sich

Dreht sich

Alles ist gleichweit

Vom Mittelpunkt entfernt

Und der bleibt

Unerreichbar weit von uns

Egal

Denn ohnehin

Weiß keiner mehr

Wo er ist

Kreisverkehr

Ohne Ausgang

Schon schwindlig?

Kleine Geschenke

Postbauer, 26.5.18, 8.00 Uhr

Mal ist es

Ein Frosch

Der plötzlich

Aus dem Gebüsch

Vor meiner Nase

Vorüberhüpft

Mal eine Kröte

Die sich sonnt

Mal ein Kuckuck

Mit seinem sehnenden Ruf

Mal ein Buch

Das daliegt

Zum verschenken und

Auf dich wartet

Oder es ist ein Lächeln

Das dich trifft

Mitten ins Herz

Es ist nur ein Deut

Es ist überschäumend viel

Es ist

Das Salz der Erde

Es ist

Mit dir

Mit uns

Eins

Schmerzpfeiltreffer

München, 27.5.18, 8.00 Uhr, Terrasse

Stück für Stück

Zerbröselst du

Gehst vor die Hunde

Dein Tod erfolgt

Bei lebendigem Leib

Wie sich wohlig da

Der Schmerz einwühlt

Dafür kannst du dankbar sein

Bis gestern noch schmerzfrei

Schon vergessen?

Nur weil du jetzt ahnst

Der erste Abschied erfolgt

Von diesem Leben

Das nicht wiederkehrt

Von der Unschuld

In den Tag einfach so

Hinein zu leben

Singst du schon

Den Untergang des

Ewigwährensollenden Jetzt?

Was liegt schon an dir?

Von nun an

Ist der Blick unverstellt

Freigegeben

Auf das eigene Ende

Von nun an

Bittest du

Um Schmerzfreiheit

Manchmal

Wird es dir gewährt

Man will dich schließlich

Bei Laune halten

Schreiben

Allersberg, 28.5.18, 9.00 Uhr, Wald

Nussschale

Punktuell

Konkret

Situativ

Wie wäre es wenn

Fingieren

Auswalzen

Präzisieren

Über Bord werfen

Einfühlen

Denk dir nichts dabei

Jeder

Macht das so

Hauptsache

Es wird alles

Bis zum letzten Krümel

Weggepickt

Alles

So schrecklich einfach

Und doch

So ein weites Feld

Taufe im Wald

Postbauer, 29.5.18, 7.00 Uhr

Kleines

Unbedarftes

Unbekanntes

Blümchen

Auf der Waldlichtung

Versteckt

Ganz für dich

Entdeckt nur

Durch den fingernden

Sonnenstrahl

Hin zu dir

Wir kennen uns nicht

Wir rätseln uns an

Ding auf zwei Stelzen vor dir

Ding mit Sonnenstrahlhaupt vor mir

Du leise schwankend im Wind

Ich auf Stelzen balancierend

Wir nicken einander kurz zu

Nennen uns unsere Namen

Die wir uns geben

Du bist von nun an "Weißglüh"

Ich bin von nun an "Langtorkler"

Wir scheiden voneinander

Mit einem Lächeln

Das wir weiter

Mit uns

In den Tag tragen

Der Tag

Der nun

Unser Tag ist

Pläne

Postbauer, 30.5.18, 8.00 Uhr

Keine Zeit

Zum Leben

Zur Familie

Zum Vergnügen

Zum Hinausschauen

Über den Tellerrand

Arbeitenarbeitenarbeiten

Zielvorgabe:

Zu etwas kommen

Dann wird alles gut

Wenn erst Manches

Hat weichen müssen

Wo gehobelt wird

Da fallen Menschen

Seht ihr nicht

Dass die Schwelle

Die ihr überspringen müsst

Zwischen euch

Und dem Ziel gelegt

Jeden Tag

Ein Stück höher wächst

Dummschwätz

Blödlaber

Besserwiss

Euch zur Beruhigung:

So aber geht es

Bis über den Tod hinaus

Langwiederseeschnorcheln

München, 31.5.18, 9.00 Uhr

Tief unter Wasser

Am Grund entlang

Über dir

Flirrendes Licht

Um dich herum

Flüssigkeit

Wie auch in dir

All das Wasser

Das dich am Leben hält

Das Meer in dir

Wie auch

Um dich herum

Endlich wieder

Gefühl der Einheit

Geborgenheit

Endlich wieder

Zu Hause

Schweben

Inmitten eines Barschschwarms

Aufgenommen

So meinst du

Dabei warten sie

Dass du für sie

Den Boden aufwühlst

Für ihr dort verborgen

Liegendes Fressen

Eines der

Vielen Missverständnisse

Wenigstens

Tun sie nicht weh

Neugierig beäugt

Vielleicht ein

Brückenschlag

In dieser Traumwelt

Hier ist es egal

Woher du kommst

Wohin du gehst

Du bist nur einfach

Mit dabei

Für einen

Augenblick

Brückentag

Postbauer, 1.6.18, 8.00 Uhr

Spring hin

Zu dir

Seele baumelt

Herz geht auf

Hin und wieder

Ein Blick

Ein Lächeln

Ein freundliches Wort

Das ist es doch schon

Was soll da

Amazonas

Gangotri

Sehnsuchtsorte

Wenn doch die Welt

In dir ist

Genau hier

Nirgendwo sonst

Jetzt und

Auf immer

Schleier der Maya

Postbauer, 2.6.18, 8.00 Uhr

Wie ein lauer Regen

Tröpfelt

Gunst auf Köpfe

Lässt

Hoffnungen sprießen

Nutzt

Die Chance

Mit Blindheit

Geschlagen zu werden

Fallt zurück

In euren Dämmerschlaf

Aus dem ihr nur aus Versehen

Gerissen worden wart

Vergesst

Das flackernde Warnlicht der

Wahrheitsleuchte

Wie es wirklich ist

Das interessiert doch niemand

Augen zu

Und der Flug der Krähe

Schon vorbei

Eulen nach Athen?

Wohl eher

Krähen nach Postbauer

Rabe und Auto

München, 3.6.18, 9.00 Uhr, Terrasse, nach Langwieder See

Aufgeblähter

Plastikbeutel im Wind

Mitten

Auf der Kreuzung

Autos rauschen vorbei

Ampelgetaktet

In den kurzen Pausen

Bei Rot

Spielen Raben

Helle Freude

Flügelschlagen

In den Tag hineinkrächzen

Verloren in ihrer Welt

Dann wieder Grün

Kampf der Motoren

Bis aufs Messer

Beutel hin und her

Über Asphalt

Fahrtwindgetümmel

Dann wieder Rot

Zeitschnitt

Szenarien quietschender Reifen

Vielleicht

Jetzt, später oder auch gleich

Du dort

Unter den Reifen

Langwieder See

München, 4.5.18, 8.00 Uhr, nach Schnorcheln

Schweben

In einer fremden Welt

Die einst

Die eigene war

Lange her

Irgendwann einmal

Dunkel nur noch bewusst

Und doch

Sofort wieder vertraut

Als Traumwelt

Als Wunschort

Aufgenommen

Neugierig wie du selbst

Welt auf Welt

In der Tiefe

Ein lauernder Hecht

Märchenwelt

Voll von Gefahren und

Drohendem Tod

Bald schon

Geht es in die Tiefe

Auf den Grund

Einbohren

In den Schlamm

Über die Schwelle hinweg

Einfach nur

Atmen vergessen

Kiemen wachsen

Angsthaut abgestreift

Frei dem Tod entgegen

Wartet dort unten

Auf dem Grund

Grinst dir

Bereits entgegen

Säuselt dir zu:

Nun kannst du selbst

Dir zum

Eigenen Grund werden

Gegen Einsamkeit

München, 5.6.18, 7.00 Uhr, nach Langwieder See

Spatzen

Die quatschen

Schütteln sich durch

Vor Ekel

Falsches Futter

Wie kannst du nur

Glaubst du denn

Wir fressen alles?

Sich balgen und raufen

Gegenseitig das Futter

Aus dem Schnabel holen

Bei kleinsten Geräuschen

Aufflattern

Sich verstecken

Darüber thront

Der Oberpaschaspatz

Hat alles im Blick

Alles so einfach

Und zugleich

Alles so kompliziert

Nicht anders

Wie wir selbst

Alles ist gut

Solange wir nicht

Allein sind

Zwitschern sie

Dir zu

Einfahren der Ernte

München, 6.6.18, 7.00 Uhr

Hegen und pflegen

Natur explodiert

Überbordend im Wachstum

Vögel schreien vor Lust

Licht flimmert

Von all dem

Ist auf einmal

Zuviel

Hinaus mit dir

In die Welt

Die sich mit aller Macht

In die Köpfe einpresst

Präsenz pur

Mit jedem Atemzug

Füllt uns aus

Voll gepfropft bis obenhin

Kann nicht wirklich sein

Nimm es mit

Dahinter harrt bereits

Der Absturz

Aus dem geglückten Augenblick

Hineinkippen

In die Mühlräder

Der Zeit

Die du bereits

Sehr nahe

Mahlen hörst

Est! Est! Est!

Postbauer, 7.6.16, 15.00 Uhr

Alles ist

Austauschbar

Ersetzbar

Nur dies nicht

Dieser Augenblick

Dieses stille Glück

Plötzlich

Innewerden

Ganz leise

Hier sein

An diesem Platz

Nirgendwo sonst

Ist dein Platz

Jetzt

Unter diesem Wolkenhimmel

Der niemals mehr

So sein wird

Und nicht irgendwann

Oder irgendwo

Unverwechselbar

Eingebrannte Zäsur

Zwischen

Früher und später

Ein Riss

Ein Spalt

Der alles beinhaltet

An Welt

Grüner Hexenzauber

Postbauer, 8.6.18, 14.00 Uhr

Du lächelst mich an

Deine Augen strahlen

Dein Herz fließt über

Deine Worte wie Honig

Alles

Leg ich zu Füßen

Dir zu dienen

Dir zu Willen sein

Dich zu erfreuen

All dies

Nichts als Schein

Nichts als Show

Kaum wendest du dich ab

Siehst du

Wie das Lächeln gefriert

Die Mimik verfällt

Die Kälte hochsteigt

Die Zeiten sind vorbei

Diese Tricks hinzunehmen

Versuch sie wo anders

Kleine Hexe

Mich lass damit in Ruhe

Zu alt zu zäh zu abgebrüht

Zu gleichrangig

Sonst

Küss ich dich

Schwupps

Bist du die Kröte

Die du innerlich

Längst schon

Immer warst

Grünes Ekel

Mir grünt vor dir

Koloss von Rhodos

Postbauer, 8.6.18, 15.00 Uhr, Naturfreibad

Eure Schnauzen

Drück ich euch ein

Rein in den Dreck

Mit den Fressen

Spurt ihr nicht

Spürt ihr meine Faust

Denn an mir

Kommt keiner vorbei

Ich bin Stahl

Ich bin Kraft

Ich bin der ich bin

Und ihr

Nichts als Rotzlöffel

Euch zerquetsch ich

Zwischen

Daumen und Zeigefinger

An mir

Prallt ihr ab

Ich bin die Welt

Die euch künftig erlaubt

Zu atmen

Noch Fragen?

Verpisst euch

Les jeux sont faits

München, 9.6.18, 10.00 Uhr

Kapriolen

Inmitten des Stroms

Im Auge des Sturms

Zusehen

Manchmal

Hineingezogen

Manchmal

Fortgeschleudert

Ausgespieen

Je nachdem

Nichts als ein Korn

Nur ein Versuch

Zu überleben

Mit Allem und Allen

Im großen Wirbel

Zusammen

Eingeschlossen

In der großen Leidkapsel

Untergehen

Immer möglich

Stets bereit

Dagegen Pläne

Die zerstieben

Im aufbrausenden Wind

Umher irrender Irrer

Verweht

Ausgebootet

Zeitlos geworden

Ohne Relevanz

Berührungslos

Aneinander vorbei gleiten

Ohne zu merken

Dass es vorbei ist

So tun als ob

Als Überlebensstrategie

Deklarierung

Als Spiel

Geeignet für

0-99 Jahre

A casa

München, 10.6.18, 10.00 Uhr

Welt so still

Eingeschweißt

Abgedeckelt

Über mir

Silberner Spiegel

Einheit

Die aufnimmt

Akzeptiert

Was jetzt ist

Erwartungslos

Nur neugierig

Aufgenommen

In den großen Frieden

Alles ist anders

Dazu gehören

Nie mehr zurück

Darfst bleiben

Teil des Verbunds

So lange Dir

Die Luft reicht

Hier bei uns

Bald schon

Musst du wieder zurück

In deine Spielzeugwelt

Oderoderoder

Nutzlos

Sieh es ein

Glühwürmchen

160 Monate!

München, 11.6.18, 8.00 Uhr

Willkommen

Wie sehr wir euch

Vermisst haben

Spüren wir erst jetzt

Beim Wiedersehen

Nach so langer Zeit

Im Tanz

Beschreibt ihr

Eure Kreise

Zitternd wild

In immer neuen Kapriolen

Ganz befangen

In eurer Welt

Wir sehen zu

Staunen

Möchten mittanzen

Schwerelos werden

Flügelchen auf dem Rücken

Uns gegenseitig

Heimleuchten

Dabei

Wiegen wir uns längst

In unserem eigenen Tanz

Vielleicht

Seht auch ihr uns dabei zu

Während wir uns küssen

Hörst du sie

Wie sie wohlgesonnen

Prusten und Kichern

Alter Freund

München, 12.6.18, 8.00 Uhr

So lange Zeit

Die dazwischen liegt

Vorsichtiges Abtasten

Inzwischen

Mehrmals gehäutet

Etliches Siebenjahr

Was ist noch da

Von einst

Verborgen verbogen

Unter vielen neuen Hüllen

Was hat überlebt

Zwischen damals und jetzt

Wo noch anknüpfen

Oder sind wir schon dabei

Nur noch alte Hüte

Uns gegenseitig aufzusetzen

Kalt Gewordenes

Aufzuwärmen

Schleicht sich schon

Langeweile ein

Macht es Sinn

Eine Strecke Zeit

Gemeinsam weiterzugehen

Oder steigt nur aller

Überdruss von damals

Erneut empor

Weshalb dann überhaupt

Uns Schale um Schale

An Worten

Anbieten

Dahinter stets

Drohende Leere

Sollten wir es

Nicht besser lassen

Ist es

Ein Versuch wert

Bald

Wissen wir es

Mann von der anderen Front

München, 12.6.18, 9.00 Uhr, U-Bahn

Hart und stechend

Der Blick

Unerbittlich

Unausweichlich

Das Kinn weit vorgeschoben

Zu einem Lächeln

Um die Zähne gefroren

Ich kann das nicht

Ich falle hindurch

Ich bin dafür

Nicht zu haben

Erste Worte als

Schleimrutenköder

Die Räder der U-Bahn rattern

Dazu rattert der Mund

Pausenlos

Bei mir fährst du

Keine Station an

Um Halt zu machen

Dich anzudocken

Einzunisten

In mein Hirn

Merkst du nicht

Das ich alles ablehne

Jedes deiner Haare

Eine eingepflanzte Antenne

Voll auf Sendung

Jede Hautpore

Weit offen

Um Information zu sammeln

Bis in die Haarspitzen hinein

Auf Sog eingestellt

Die Zähne

Sind angefeilt

Bereit

Sich in Fleisch jeder Art

Einzuschlagen

In Blut

Zu tunken und

Zu saugen

Pausenlos

Bis nichts mehr

Zurückbleibt

Bis auf einen

Hautschlauch

Nein Danke

Ich habe schon

Schreiben

München, 13.6.18, 7.00 Uhr

Bilderbausteine

Wort um Wort

Gesetzt

Mosaiksteinchen

Zusammen gefügt

Konstellationen

Die Bilder bewegen sich

Das Starre löst sich auf

Alles kommt in Fahrt

In den Köpfen

Der so Geformten

Beginnt es zu leben

Blicke kreuzen sich

Vernetzen sich

Gedanken laufen hin und her

Bilden Geflechte aus

Bauen sich ständig

Weiter aus

Türmen sich

Während du

Immer tiefer eintauchst

In die neue Welt

Mitten in dir

In deine Geschichte

Die dich lebt

Alles so einfach

Wo aber

Lebst du selbst noch

Nur noch

In den Fugen

Dazwischen?

Autobahn

Allersberg, 13.6.18, 9.00 Uhr

Pieseln

Dieseln

Rieseln

Kieseln

Wieseln

Schwiewiemseln

Rinnseln

Pinseln

Flimmseln

Dahinkawimmseln

Titititieseln

Erneut

Pinseln

Ausfahrt

Endlich

Pieseln

- Ah!

Lebewohl

Postbauer, 14.6.18, 7.00 Uhr

Abschied vom Walnussbaum

Das letzte Mal

Voller Frucht

Schon jetzt

Nicht mehr für mich

Abschied vom Wald

Noch gerade sichtbar

Ehe die Sicht verbaut wird

Beton über Beton

Alles zugegossen

Abschied von den Bäumen

Die abgeholzt werden

Abschied vom alten Mann

Der kaum mehr aus eigener Kraft

Seinen Rollator schieben kann

Abschied von den Tieren und Pflanzen

Abschied von jahrelang

Von mir ausgetretenen Wegen

Abschied von mir selbst

Als Teil von hier

Seltsamerweise

Keine Trauer

Alles ohne jede Spur

Unterlegt von Freude

Was kommt

Auch wenn

Nichts mehr kommt

Außer dem einen

Dem letzten Abenteuer

Das noch aussteht

Vorwärts

Gehen wir es an

Kleiner Laubfrosch

Postbauer, 15.6.18, 16.00 Uhr

Ängstlich

Blicken deine Augen

Auf diesen Koloss

Auf zwei Beinen

Der plötzlich

Bedrohlich hoch

Vor dir steht

Die Augäpfel

Fallen dir fast heraus

Pumpender Atem

Ich sehe schon

Schwierig wird es

Mit unserer Freundschaft

Die ich dir antrage

Mit dir fühlen

Will ich

Deine Welt verstehen

Dankbar darum

Sie mit dir

Teilen zu können

Doch du

Denkst vielleicht nur daran

Dass deine ausgerissenen Beine

Vor mir auf dem Teller liegen

Gut durchgebraten

Gesalzen und gepfeffert

Um gleich

Verspeist zu werden

Schon bist du fort

Mit einem gewaltigen Satz

Du kleiner

Gedankenleser

Recht hast du

Trau ich mir doch selbst

Nicht über den Weg

Wie schnell wird der Freund

Zum dich fressenden Feind

Nur kein Risiko

- Quak!

Frau in rotem Pullover und schwarzem Rock

München, Terrasse, 16.6.18, 16.00 Uhr

Kleine dünne

Gebeugt humpelnde Frau

Streichholzbeine

Auf die

Warst du mal so stolz

Wie auch auf deine Haare

Jetzt ein zerfledderter Mopp

Wie spielte einst

Verliebt der Wind darin

Verfing sich

Wollte gar nicht mehr

Weichen

Wie auch die Hände

Deiner Liebhaber

Während sie

In dir verglühten

Ein Teil ihres Lebens

In dir aushauchten

Was bleibt dir

Außer den Erinnerungen

Die Bank in der Sonne

Freust dich darauf

Weiter deinen Weg

Entlang humpelnd

Die Augen zu schließen

Den wärmenden Strahlen

Mit zurückgelegtem Kopf

Entgegenlachen zu können

Bis du dann auf Wochen

Wieder fehlst

Aufgeräumt

In einem Bett

Dem Leben abhanden

Ausradiert

Aus dem friedlichen Bild im Park

Der dir Platz bot

Schon schließt sich

Die Lücke

Ohne dass es jemand bemerkt

Doch dann bist du zurück

Strahlst sonnengleich

Es gibt mich noch

Und dein Lächeln

Ist wieder keck und frech

Wie damals

Als du den Männern

Den Hals verdrehtest

Dabei bist du

Von damals nur

Einen einzigen

Augenaufschlag entfernt

Und doch

Durch Ewigkeiten getrennt

Glucke mit Küken

München, 17.6.18, 8.00 Uhr, Terrasse

Verloren

Willst hinaus

In die Freiheit

Versuchst

Mit deinem Lächeln

Freiräume zu schaffen

Platz brauchst du

Zum Atmen

Zum Leben

Armer kleiner Junge

Gestriegelt

Wie ein Vorführpferdchen

Schon läufst du davon

Wen wundert es

Dass du

Kaum ein paar Schritte

In den Dreck fällst

Mit deiner weißen

Bügelfaltenhose

Und dem bis zum Hals

Zugeknöpften

Nylonhemdchen

Beträufelt stehst du da

Reibst das aufgeschürfte Knie

Ausgesetzt allen Blicken

Ausgesetzt dem Lachen

Schämst dich

Doch dann huscht

Ein wissendes Lächeln

Über deine Lippen

Der Aufstand hat begonnen

Die Gitterstäbe des Käfigs

Lassen sich

Von nun an

Auseinanderbiegen

Jeden Tag

Ein wenig mehr

Bis du

Ganz durchschlüpfst

Entschlüpfst

Nicht mehr zu halten

U-Bahnprinzessin

München, 18.6.18, 16.00 Uhr, Terrasse

Tief drinnen

In deiner Zauberwelt

Reiten die Hexen

Auf ihren Besen

Du sprichst und lachst

Mit deiner Koboldschar

Gierig blicken sie dabei

Auf dein schönes Haar

Auf deine Ringe

Auf deine Ketten

Auf deine bunten Bänder

Über alle Köpfe

Der Leute in der U-Bahn

Lachst du hinweg

Silbrigperlend

Gnädig gestimmt

Heute rollen keine Köpfe

Ausnahmsweise

Stattdessen

Hältst du eine Rede

An dein Volk

Das wieder einmal

Nicht aufpassen will

Bald schon

Folgt die Strafe auf dem Fuß

Dann

Wird es wieder

Vor dir in Ehrfurcht erstarren

Dann

Wenn es zu spät ist

Und du es ausradierst

Und dir ein anderes

Ein besseres

Ein schöneres Volk suchst

Ab der Kopf

Von dir und dir und dir!

Reizt mich nicht!

Meine Rache ist furchtbar

Grausam

So redest du weiter

Doch keiner hört zu

Aber in deiner Tasche

Die mit dem rosa Bommel

Tickt bereits die Bombe

Überraschung!

Gleich werdet ihr

Augen machen

Wenn es euch

Mitsamt euren Handies

Euren Sonnenbrillen

Euren Einkaufstaschen

Eurem Spott

Zerfetzt

Ich freu mich

Jolanka

München, 19.6.18, 8.00 Uhr

Ganz am äußersten Rand

Stoßen wir aneinander

Merken auf

Spüren den Widerstand

Das ganz Andere

Ist da

Fremd, so fremd

Atmet wie ich

Schaut wie ich

Und ist doch nicht

Zu fassen

Besser

Wir belassen uns

Jeder in seiner

Lebensblase

Doch jetzt die Unruhe

Scheu einander betrachten

Ohne bemerkt zu werden

Und doch zu wissen

Dennoch nicht aus den Augen

Gelassen zu werden

Der Versuch

Uns ein Bild zu machen

Da wir kaum

Dieselbe Sprache sprechen

Einzig nur Geld

Als einigendes Band

Doch da stibitzt sich

Ein Lächeln hervor

Erster Sonnenstrahl

Jetzt ist es

Auf einmal egal

Was du für Zähne hast

Wie du gekleidet bist

Was alles du

Vor dich hinmurmelst

Unverständlichschadhaftruinöswieauchimmer

Zählt alles nicht mehr

Da ist auf einmal etwas

Tiefgründig

Vielleicht auch abgründig

Die ganze trübe Brühe

Der Evolution

Schwappt empor

Überschwemmt

Reißt mit sich

Löst sich in ein

Anhaltendes Lachen auf

Bald wieder verdeckt

Das soeben Gespürte

Tobi

Allersberg, 20.6.18, 8.00 Uhr, Wald

Verdämmern

Noch vorhanden

Über dem Grab schweben

Ohne es zu sehen

Flackerndes Lebenslicht

Schwaches Glimmen

Kurz blitzt es auf

Letzte Anstrengungen

Mitzuhalten

Mit dem Rudel

Das erbarmungslos

Weiterzieht

Längst schon

Abgehängt

Der Blick trübt ein

So müde, so schwach

So träge das Denken

Alles was war

Dahin

Selbst Erinnerungen

Verblassen zu Schemen

Nicht mehr zu fassen

Was bleibt ist

Schweinebraten und Bier

Das schmeckt

Auf einmal ist

Beim Beissen und Schlucken

Die Gier wieder erwacht

Blitzt auf

Winkt zum Abschied

Die Lust zum Leben

Wer von uns

Springt zuerst?

Wer wird

Gestoßen?

Beide

Nur eben

Zeitversetzt

Klein Gröfaz

Postbauer, 21.6.18, 8.00 Uhr, Keller

Fasziniert und

Erschrocken zugleich

Jungenquartett am See

Sich balgende Robben

Alle gleich

Nur einer von ihnen

Ist gleicher

Der Großklappenverfüger

Befiehlt

Ordnet an

Gruppiert

Der Rest folgt

Blindlings

Egal

Was er sagt

Egal

Wie er sie

Und auch sich dabei

Gefährdet

Absolut selbstsicher

Geborene Führernatur

Die Hitler unter uns

Sterben nicht aus

Weil wir sie

Nicht sterben lassen

Warum

Hört das nicht auf

Weil wir

Es nicht wollen

Aus Faulheit

Besorgt

Um unsere Ruhe

Ist zu entsorgen

Postbauer, 22.6.18, 15.00 Uhr, Keller

Warum nur?

Zu welchem Zweck?

Weiß ich es nicht?

Stimmt genauso wenig

Wie dies, dass ich es weiß

Es drängt mich

Es treibt mich

Festhalten

Flüchtigkeit des Augenblicks

Anrennen

Gegen das große Unbekannte

Vielleicht

Vielleicht auch nicht

Danach

Kann es weitergehen

Projekt Atemanhalten

Dann

Vor dem Scheitern

Bei gekapptem Lebensfaden

Dann

Wenn all dies

Absolut belanglos geworden ist

Nur noch Müll

Wie du selbst

Zu entsorgen

Dannohdann!

Was bitte schön?

Ekagrata - Einpünktigkeit

München, 23.6.18, 8 Uhr

Vom eigenen Atem

Führen lassen

Kennen wir doch

Wohin

Das ist die Frage

Hin zu mir

Oder davon weg?

Oder weder noch

Dazwischen befangen

Wie immer

Verstreichen lassen

Aussitzen

Eins werden

Mit der Welt

Wieso

Wenn es längst schon

So ist

Ist es doch

Die eine Welt

Die mich

Schon immer birgt

Dankbar darum

An dieser einen Stelle

Hier und jetzt

Zu leben

Mit dir zusammen

Auf einem Punkt stehen

Der sich

In alle Richtungen ausdehnt

Sofern

Wir es nur wollen

Domagk - Park

24.6.18, München, Terrasse, 19.00 Uhr

Stein um Stein

Übereinander geschichtet

Turmbau zu Babel modern

Mit großer Hand

Gefertigt

Für die Ewigkeit

Die maximal

30 Jahre dauern wird

Öde Steinwüste

In der Menschen

Mit ihrem Leben

Überwintern

Aus allen Fensterhöhlen

Schlägt Depression entgegen

Hier siehst du bereits

Die Selbstmörder herunterpurzeln

An Stricken an der Decke hängen

Zermalmt unter Lastwagenreifen

Der Schnitter

Wird reichlich Ernte einfahren

Denn Leichen sind das Einzige

Was es hier zu pflücken gibt

Hier kann nur

Unheilgewächs gedeihen

Selbst Unkraut

Anderskraut

Hat hier keine Chance

Tote leere Welt

Alles schnürt sich

In mir zu

Inmitten dieser Quader

Stehe ich

Auf verlorenem Posten

Ersticken

Kältetod

Einzelne Kinder

Verloren wie

Ausgerupfte Grashalme

Im Wind treibend

Durch die leeren Straßenschluchten

Verloren gegangene Heimat

Vorbei

Glück und Freude

Dahin

Sinnentleert

Sehnsucht

Nach Farbe und Wärme

Wie soll hier nur

Gelebt werden

Wie viele Tränen

Werden hier

Noch vergossen

Oh Mensch

Was tust du dir an

Eingepfercht

Mit ein paar

Vorzeigevogelnestern

Alle 1 Meter genau

0,2 Nest

Cui bono

Außer den Konten

Der Bauherren

Ausflug zur Wiese

München, 25.6.18, 9.00 Uhr, Terrasse

Weißt du noch?

Als Kinder

Anlauf nehmen

Hineinspringen

Ins hohe Gras

Sich wälzen

Den Abhang hinabkullern

Breite Bahn brechen

Wieder und wieder

Und vor Vergnügen

Lachen, prusten und kreischen

Lachkrampfseitenstechen

Atemnot

So war es

Immer und immer wieder

Jetzt aber

Andächtig und ehrfurchtsvoll

Im Halbkreis

Wie vor einem Kunstwerk

Am Rand der Wiese stehen

Mit genügend Abstand

Kein Hälmchen

Darf gekrümmt werden

Weit vorbeugen

Zu den Gräsern und Blumen

Um besser zu sehen

Besser gleich

Mit Fernstechern

Einzelne Blüten beäugen

Ihre Einmaligkeit

Ihre Schönheit

Lauter kleine Prinzessinnen

Von Bienen umschwärmt

Von uns angestaunt

Fotos über Fotos

Was sind das für Zeiten

Wann setzt der letzte Vogel

Zu seinem letzten Flug an

Wann wird es hier

Ganz still sein

Windstill

So wie überall

Auf diesem Planeten

Die Kelche der Blüten

Schwingen jetzt schon

Wie Totenglocken

Im Wind

Über die ungehört

Die vielen Worte

Hinweggleiten

Und zerstieben

Ruhe

München, 27.6.18, 6.00 Uhr, Zug nach Nürnberg

Da ist sie

Du tauchst in sie ein

Viel Schweiß und Mühe

Hat es gekostet

Sie wiederzufinden

Die doch immer

Da war

Nur stets woanders

Wie du selbst

Stehen

Inmitten eines Meers

Aus Stille

Was ist schief gelaufen

Dass es nicht immer so ist

Sag es mir

Wieso findest du dich

Nur hier wieder

Am äußersten Rand

Zwischen Himmel und Erde

Wieso

Bist du nicht mehr

In mir

So

Wie früher

Sagsagsag

Großkotzlaber

Nürnberg, 27.6.18, 8.00 Uhr, Hauptbahnhof

Wieso

Kannst du es

Nicht lassen

Brüsten

Spucken

Herauskotzen

Zigmal wiedergekäuter

Wortbrei

Alles ach so toll

Großer Hecht

Schillerschillerschiller

Einfach nur

Die Klappe halten

Still sein

Wie jene Stille

In den Bergen

Die längst schon wieder

Weg geschoben ist

Von der Lärmwand

Die aus dir tönt

Weißt du denn immer noch nicht

Es dauert nicht mehr lange

Dann tauchst du ein

In die große Stille

Der du dann

Nicht mehr entfliehen kannst

Die du auszuhalten hast

Keine Worte mehr

Sie zuzudecken

Oder Dich selbst

Damit zuzudecken

Nur noch die blanke Angst

Und die Einsicht

In die Vergeblichkeit

Vanitas vanitatum

Gesiebte Luft

München, 28.6.18, 8.00 Uhr

Abgestumpft

Selbst die Farben

Grau gehalten

Wie auch der Himmel

Wie wenig

ist von ihm übrig

Ein Stück Wiese

Die Fußböden

Die Gesichter

Die Wände

Grau

Schleicht sich bereits

In mich hinein

Breitet sich aus

Quillt mir

Aus Augen und Ohren

Selbst aus dem Mund

Wenn ich spreche

Ton- und farblos

Hinter grauen Mauern

Über 1000 Menschen

Grauen vor sich hin

Spurt einer nicht

Gibt es Bunker

Bekleidet

Nur mit Unterhose

Noch mehr Leere ertragen

Potenziertes Grau

Langeweile

Bis zum Exzess

Schon nach kurzer Zeit

Trägt jeder dieses Grau

Als neue Bekleidung

Erst draußen

Nach längerer Zeit

Wird das Hemd wieder blau

Und die Vögel

Deren Gezwitscher sich grau

Durch die Eisengitter zwängten

Gewinnen wieder an Farbe

Nur in mir verbleibt

Der schale Graugeschmack

Noch lange danach

Will nicht weichen

Alte Freunde

Für Helmar, Jörg und Kosta
München, 29.6.18, 8.00 Uhr

Sich gegenseitig abtasten

Nicht zuviel und auch

Nicht zu wenig sagen

Vor allem nicht

Das Falsche

Eingegrabene Spuren

Der Zeit in den Gesichtern

Wie auch

In der Sprache

In den hervor gekramten

Verstaubtvergilbtvermorschten

Erinnerungen

Zerbröselt zwischen den Fingern

Kannst es nicht halten

Es geht nur darum

Den einen Augenblick zu schaffen

Der es wert ist

Sich zu treffen

Ein Körnchen Lebenssalz

Der eine Punkt

Von dem aus

Welt sich weiten kann

Klappt es nicht

Geht man auseinander

Entfernt sich weiter

Von dem zufälligen

Kreuzungspunkt der Linien

Alles nur ein Versuch

Nicht mehr und

Auch nicht weniger

Spuren des Wiedererkennens

Im Lachen

Im Blick

In dem du dir selbst

Wieder auftauchst

Von damals her

Das auf immer

Dahin ist

Der Versuch

Dir selbst

Eine Fassung zu geben

Im Anderen

Von vorneherein

Zum Scheitern verurteilt

Falls du dich selbst

Schon nicht mehr

Spürst

Gier und Tod

München, 30.6.18, 9.00 Uhr

Übelkeit

Durchfall

Schwindlig

Alles in dir

Revoltiert

Alles nur

Aus Maßlosigkeit heraus

Alles vereinnahmen

Nichts darf zurückbleiben

Selbst Verdorbenes

Endlich an den Mann gebracht

Wandert durch das Maul

So läuft das

So ist die Welt

Die Frage nur

Weshalb lässt du es dir

Gefallen

Was muss erst noch geschehen

Bis du dich endlich wehrst

Wie dumm

Kann man nur sein

Kotz dich frei

Kann das die Lösung sein?

Manchmal schon

Unser Ring

München, 1.7.18, 8.00 Uhr, Terrasse

Lachen

Mit dir

Reden

Mit dir

Leben

Mit dir

Atmen

Mit dir

Kuscheln

Mit dir

Schnorcheln

Mit dir

Vergehen

Mit dir

In

Unseren Armen

Mehr

Braucht es nicht

Der Ring

Unser Ring

Ist geschlossen

Umfängt uns

Hält uns

Über alle Zeiten

Hinweg

Und

Hin

Zu unserem

Licht

Dana

München, 2.7.18, 7.00 Uhr, Terrasse

In deinen Augen

Sehe ich mich

Gespiegelt

Nicht außen

Tief innen drin

Abgrundtief

Dort als spielendes Kind

Wissend

Schnurrst du mich

Dabei an

War ich damals

Dein Kind?

So viele Leben

So schnurrst du

Haben wir zusammen

Verbracht

Weißt du es denn nicht mehr?

Wechselnd

In den Zusammenstellungen

Kunterbunt gewürfelt

Mal ich als Magd

Und du als Bauer

Du mein Reitknecht

Ich dein Fürst

Du meine Pflegerin

Ich der demente Alte

So oft

Mal Tage

Mal Jahre

Mal das ganze Leben

Jetzt wieder

Eine neue Runde

Freuen wir uns

Auf unser nächstes

Gemeinsames Leben

Schon bald

Geht es

Weiter mit uns

Ertönt er schon

Der uns rufende

Glockenschlag?

Das Summen der Bienen
München, 3.7.18, 9.00 Uhr, Terrasse, nach Langwieder See

200.000 Namen

Zu vergeben

Und alle heißen

Nicht Maja

Euch gehen sie nichts an

Unsere Sorgen

Die richtigen Namen zu wählen

Für jede von euch

Passend

Emsig

Seid ihr beschäftigt

Was kümmert euch

Unsere Welt und unsere Sorgen

Während wir

Starren und schauen

Wir Honigdiebe

Wir Zutodeschauer

Wir Dengroßenbienenzüchter

Wir alles Vereinnehmer

Wirtschaftsfaktor Biene

Drohnenschlacht und Varroa

Vergessen darüber

Wie es wäre

Selbst Biene zu sein

Eine von ihnen

Fern, so fern

Du und ich

Nur kurze Zeit bleibt

Unseren Tanz aufzuführen

Dort vor dem Flugloch

So viele Welten

Um uns herum

Zeigen uns

Wir sind nur Gäste hier

Wie können wir das

So einfach vergessen

Du und ich

Hand in Hand

Flügel an Flügel

Tote Ratte im Langwieder See

München, 18.6.18, 7.00 Uhr, Terrasse

Tief unten

Losgelöst von Allem

Frei schwebend

Nur mit der Schwanzspitze

Aufgestützt im Schlamm

Das Wasser trägt dich

Hier führst du dein

Letztes Kunststück auf

Bist mir gefolgt

Bis hierher

Vom Ufer des Tiber

Willst mir zeigen

Vielleicht

Dass sich damit

Unser Kreis schließt

Einer unter vielen Kreisen

Ineinander verschlungen

Teil des großen Kreises

Du bist angekommen

Mir bleibt noch

Ein kleines Wegstück

Bis ich dir folge

Geh jetzt ein

In die Welt

Die mich trägt

Von der ich meine

Sie scheide sich

Von mir ab

Im Wasser

Drehst du dich

Zum Spaß nach mir um

Eine letzte Pirouette

Einfach so

Du wartest

Auf mich

Streckst deine Pfötchen

Nach mir aus

Ich tauche

Auf dich zu

Spitze die Lippen

Zum Willkommenskuss